みんなのバリアフリー❷

障害のある人が困っていることを知ろう

監修／**徳田克己**（筑波大学教授）

みんなのバリアフリー ❷

障害のある人が困っていることを知ろう

もくじ

こんな場所で困っている人がいるよ	4
～身体の障害～ **視覚障害とは？**	6
どんなことに困っているの？	8
生活のくふう	9
～身体の障害～ **聴覚障害とは？**	10
どんなことに困っているの？	12
生活のくふう	13
～身体の障害～ **肢体不自由とは？**	14
どんなことに困っているの？	16
生活のくふう	17
～身体の障害～ **内部障害とは？**	18
どんなことに困っているの？	19
～その他～ **高齢者や妊婦**	20
どんなことに困っているの？	21

わたしたちといっしょに考えましょう

徳田先生

社会のバリアフリーや、心のバリアフリーについてくわしい。

あらたくん

小学4年生。勉強がきらいで、外で遊ぶのが好き。バリアフリーについても、よくわからない。

みゆきちゃん

小学4年生。本が好きで、ヘレン・ケラーの本を読んで、バリアフリーに興味をもつように。

~見た目ではわかりにくい障害~ **発達障害と知的障害とは？** ……… 22

どんなことに困っているの？ ……… 24

~さまざまな原因で言葉を話すことが難しい~ **言語障害とは？** ……… 28

街中のバリアフリーを見てみよう！

道路の設備 ……… 30

駅の設備 ……… 36

電車の設備 ……… 42

バスの設備 ……… 44

病院などの公共施設 ……… 46

店の設備 ……… 50

映画館などの娯楽施設 ……… 54

学校の設備 ……… 56

家の設備 ……… 58

学習ノート

街中のバリアフリーを見つけよう ……… 60

コラム 　社会が行う取り組み ……… 29
　　　　　障害に関するシンボルマーク ……… 49
　　　　　ユニバーサルデザインって何？ ……… 53

みんなのバリアフリー　全巻さくいん ……… 62

この本で出てくるマーク　　視覚障害 　聴覚障害 　肢体不自由 　内部障害 　高齢者 　妊婦

※このマークが出てくるページには、マークの障害者や人について取りあげます

こんな場所で困っている人がいるよ

街中でバリアフリーの設備が整ってないと、さまざまな人が困ることになります。この巻では、障害者にどんな設備やくふうが必要か学んでいきましょう。

2巻 こんな場所で 困っている人がいるよ

点字ブロックの上に自転車が置かれていて通れない！

盲導犬をつれていたらお店に入ることを断られた

まずはいろんな障害について学びましょう

～身体の障害～
視覚障害とは？

目が全く見えなかったり、見えにくかったりする人たちについて知りましょう。

どんな障害？

視覚障害とは、目で見ることが全くできなかったり、少しは見えていても生活するのに不自由だったりする障害のこと。生まれたときから見えない場合と、病気や事故などが原因で、とちゅうから見えなくなる場合があります。

盲・全盲

ほとんど見えない状態を「盲」といい、全く見えない状態を「全盲」といいます。「盲」には、明るい・暗いの区別がついたり、目の前でふった手の動きや指の本数がわかったりする状態もふくまれます。「全盲」の場合は、光や色は見えません。「盲」「全盲」の人は、白杖を使って歩いたり、盲導犬やガイドヘルパーとともに移動します。

弱視

文字を拡大したり、メガネなどの補助器具を使ったら見える状態を「弱視」といいます。また、視力が低いだけでなく、見える範囲がせまい、光をとてもまぶしく感じる、暗いところではよく見えないなどの状態も「弱視」にふくまれます。白杖を持ったり、盲導犬をつれていないので、視覚障害者であることがわかりにくい場合があります。

やってみよう　視覚障害の世界を体験する

袋の中には何が入っているのかな？

中身が見えない袋の中に、消しゴムとペンなど、さわった感じのちがう2種類のものを入れておいてもらいます。袋の中へ手を入れ、中のものをさわって、何が入っているか当ててみましょう。視覚障害のある人が手でふれてものを区別している様子に近い体験ができます。

外出するときはどうするの？

視覚障害者は、道具を使ったり、人といっしょに歩いたりして外出の不便さをとりはらっています。

白杖を使う

視覚障害者がひとりで移動するときは、白杖という白い杖を使うことがあります。白杖は、ふれることで障害物や溝、段差などを知ることができるほか、周囲の人々に視覚障害者であることを知らせる役割もあります。

盲導犬を利用する

視覚障害者の中には、盲導犬を利用している人もいます。盲導犬は、視覚障害者とともに歩きながら、障害物をさけ、角や段差などを教えてくれます。利用者は盲導犬とともに電車やバスに乗ったり、店に入ったりします。

ガイドヘルパーと歩く

視覚障害者の外出や活動を手伝ってくれる、ガイドヘルパーと呼ばれる人たちがいます。ひとりで外出することが不安な場合などは、ガイドヘルパーに行き先や目的を告げて、誘導してもらいます。

読み書きはどうしているの？

特別な文字や、音声にすることで、文字を読んだり書いたりしています。

点字（凸側）

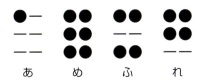

あ め ふ れ

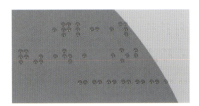

点字の例

でこぼこの配置で文字を表したものです。公共施設の案内板などにある点字を読めば、情報を得られます。ただし、すべての視覚障害者が点字を読めるわけではありません。

音声読書機

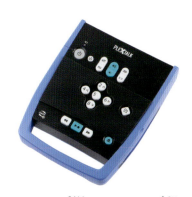

録音図書を読み上げる機械

多くの図書館では、本を声に出して読み上げて録音した「録音図書」が用意されています。それを再生できる機械やサービスを利用すれば、本の内容がわかります。

パソコン

弱視の人は、パソコンやスマートフォンの画面で文字や絵を拡大して読み書きをします。盲・全盲の人はパソコンの音声読み上げソフトを使えば、読み書きできます。

2巻 身体の障害　視覚障害とは？

視覚障害について知ろう

どんなことに困っているの？

視覚障害者は、ふだんの生活の中でどんなことに困っているのでしょうか。

商品のくわしい情報がわからない

食品の材料や賞味期限などのくわしい情報は、商品の裏側に小さい文字で書かれていることが多いので、視覚障害者はその情報をその場で知ることが難しいという問題があります。

待ち合わせで会えないことがある

視覚障害者どうしが待ち合わせをする場合、おたがい待ち合わせの場所についているのに、相手を見つけることができず、何時間も待った末に帰ってしまったということも起こります。

家族がそうじをしてくれると、ものの場所がわからなくなる

視覚障害者は、ものの位置を記憶していて、ものを使うときはそれを置いていた場所を探します。家族が勝手に置き場所を動かしたり、変えてしまったりすると、どこへ行ったかわからなくなってしまうのです。

雑音が多いと必要な情報を聞き取れない

人通りの多いところへ行くと雑音が多く、せっかく音声案内が行われていてもよく聞こえないことがあります。たとえば、キャスター付きのバッグのゴロゴロという音が大きいと、音声案内がかき消されてしまう場合があります。

生活のくふう

さまざまなくふうが、視覚障害者の生活を支えています。代表的なものを紹介しましょう。

テレビの解説放送

テレビ番組の映像について、視覚障害者が理解できるよう、出演者の表情や周りの様子などを音声で説明するサービスがあります。テレビのリモコンの音声切り替えボタンで「副音声」にすると聞くことができます。

音声案内のある電化製品

設定温度を知らせてくれるエアコンや、お風呂が沸いたことを教えてくれる湯沸かし器など、音声で案内してくれる電化製品が増えています。こうしたものを利用すれば、視覚障害者も電化製品を安全に使うことができます。

決まった量しか出ないしょうゆさし

目で量を計ることが難しい視覚障害者のために、一度に決まった量しか出ないようになっているしょうゆさしがあります。これを使えば、目が見えなくてもしょうゆをかけすぎたりすることがありません。

シャンプーとリンスのちがいがわかる容器

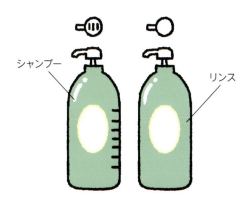

シャンプーの容器にきざみをつけることで、リンスの容器とのちがいがわかるようになっています。シャンプーをするときは、視覚障害者でなくても目をつぶることが多いので、便利なアイディアとして、定着しています。

2巻 視覚障害について知ろう

～身体の障害～
聴覚障害とは？

耳が全く聞こえなかったり、聞こえにくかったりする人たちについて、知りましょう。

どんな障害？

耳で音を聞くことが全くできなかったり、少しは聞こえても生活するのに不自由だったりする障害を難聴といいます。障害の程度は人によってさまざまです。声が大きくても何をいっているのか聞き取れない人もいます。補聴器を使えば聞こえるようになる人もいますが、補聴器は人間の耳のように聞きたい音を選んでよく聞こうとすることができないので、周りの雑音が大きいと聞き取りにくくなります。また、音自体は聞こえていても、音がゆがんで聞こえるために、相手がなんといっているかを聞き分けられない場合もあります。

聴覚障害者は子どものころから訓練を受けているので、耳が聞こえなくても、声を出して話すことができる人もいます。ただし、自分の声が聞こえないため、発音などを確かめることができません。そのため、はっきりとした発音が苦手な人もいます。

やってみよう　聴覚障害の世界を体験する

ジェスチャーで自分の思ったことを伝えられるかな？

「昨日の夕飯に何を食べた？」などの質問をし、それに対する答えをジェスチャーで表してもらいます。答えを声に出したりはせず、動きだけで表現します。

口の動きだけでいいたいことを伝えよう

２人で向かい合い、声は出さずに、口の動きだけで相手にいいたいことを伝えてみましょう。「わ、た、し、は」のように一語一語区切るより、ゆっくり「わたしは」といったほうが、伝わります。

どうやって会話するの？

耳が聞こえないため、ほかの方法で言葉を聞いたり伝えたりしています。

筆談

伝えたいことを文字にして伝えるやり方です。紙やホワイトボードなどにペンで書くほか、携帯電話やパソコンの画面に文字を入力してやり取りすることもできます。

口話法

話している人のくちびるの動きや、ほおの動きなどを見つつ、これまでの会話の内容なども参考にしながらやり取りする方法です。

手話

手の形や動きで、ものごとを伝える方法です。日本語とは別の文法にもとづいた「日本手話」と日本語の文法にそって単語を表した「日本語対応手話」があります。

ジェスチャー

ジェスチャーには、手話のように、この動作がこれを表すという決まりはないので、だれでも使うことができます。身振り手振りだけでなく、顔の表情などでも表現して伝えます。

補聴器

補聴器は、聞き取ることを補助する道具です。聴覚障害者の中には、補聴器を使うと聞こえやすくなる人もいます。ただ、ひとりひとりの障害に合うものを選ぶのは難しい場合があります。

手話の使用者は意外と少なく、聴覚障害者の30パーセントくらいなの

2巻 身体の障害 聴覚障害とは？

聴覚障害について知ろう
どんなことに困っているの？

聴覚障害者は、ふだんの生活のどんな場面で困っているのでしょうか。

車のクラクションが聞こえない

聴覚障害者は、道路を歩いているとき、後ろからきた車にクラクションを鳴らされても聞こえないことがあります。そのため、安全なほうへよけることができず、事故につながるおそれがあります。

バスや電車の音声案内が聞こえない

バスや電車、駅では、案内が電光掲示板に表示されていることもありますが、急なトラブルがあったときは、音声だけで案内することがあります。こういうとき、聴覚障害者には情報が届かないことがあります。

声をかけられても気づかない

後ろから声をかけられたり、遠くから声をかけられたりしても、聴覚障害者には聞こえていません。正面から声をかけてもらわないと、聴覚障害者は気づくことができないのです。

ねているときに何かが起きても気づきにくい

ねているときに火事などが起こり、警報が鳴っても、聴覚障害者には聞こえません。起きているときは、周りの様子などから気づくこともありますが、ねているときはそれができないので危険です。

生活のくふう

さまざまなくふうが、聴覚障害者の生活を支えています。

テレビの字幕・手話放送

テレビ番組の内容を聴覚障害者が十分に知ることができるように、画面に字幕が表示されたり、手話で内容を伝える画像が流されたりしています。NHKでは1日2回、手話ニュースが放送されています。

聴導犬

聴導犬は、聴覚障害者に家の中のさまざまな音について知らせるように、訓練を受けています。玄関のチャイムや、目覚まし時計のアラームなどの日常的な音や、警報ベル、火災報知器など、災害時の音も知らせてくれます。

お知らせランプ

聴覚障害者は、玄関のチャイムが鳴っても聞こえないことが多いので、気がつきません。そこでチャイムが鳴ったら、光が点滅するランプを使っている人がいます。

メール

聴覚障害者は、相手の表情や口の動きが見えない電話でのやり取りが難しいので、パソコンや携帯電話のメールでやり取りすることが多いようです。ファクシミリを使う場合もあります。

～身体の障害～
肢体不自由とは？

身体の一部に障害があることで、日常生活の動作が不自由な人たちについて知りましょう。

どんな障害？

肢体不自由とは、病気やケガなどが原因で腕、足、または胴体に障害がある状態をいいます。また、生まれたときから手や足など、身体のある部分がない人もいます。立ったり座ったりすること、歩いたりものを持ったりすることのほか、着がえや食事、字を書くなどの日常生活に必要な動作が難しい場合があります。

肢体不自由の人は、身体のどの部分に障害があるかによって、それぞれ状態がことなります。そのため、何か手伝うときも、視覚障害や聴覚障害のある人と同じように、その人に合った方法で行わないといけません。

肢体不自由の人は、車いすのほか、杖や歩行器を使って移動することもあります。また、義足や義手を使っている人もいます。

やってみよう　肢体不自由の人の動作について知ろう

**きき手とは逆の手で
ボタンをとめられるかな？**

ふだん右ききなら左手、左ききなら右手を使って、洋服のボタンをとめてみます。何気なく行っている動作の難しさを感じることで、肢体不自由の人の動作のしづらさが想像できます。

**車いすに乗ってみて
目線のちがいを知ろう**

実際に車いすに乗ってみて、車いすを利用している人の目の高さを体験してみましょう。どんな景色が見えるのか、どんなことに危険を感じるのかなどを考えましょう。

移動するときはどうするの？

肢体不自由の人は、さまざまな道具を使って移動しています。

車いす

車いすの種類は、自走式、電動式、介助式の3種類があります。最近では軽量化が進んでいますが、電動式の車いすは特に重く、人を乗せていない状態で20kg以上あります。介助をする人もケガや腰痛に注意が必要です。

（自走式）　　（電動式）　　（介助式）

自走式とは、利用者が自分で動かす車いすです。後輪の外側にあるハンドリムを使って自分でこぐことができます。

電動式とは、自分でこぐのではなく、電気の力で動かす車いすのことです。利用者は、手元にあるレバーを操作して動かすことができます。

介助者が使うブレーキが後ろのハンドルについています。自分ではこがず介助者におしてもらうので、車輪が小さく、ハンドリムもありません。

義足・義手の使用

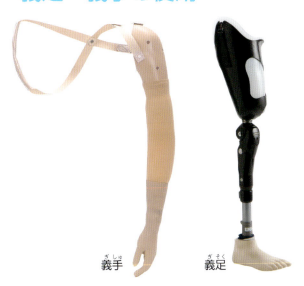

義手　義足

義足は、病気やケガなどで足を切断した人が装着し、歩くことや立つことをサポートします。義手は、日常的な動作を行うための機能をもつものや、失った腕や指などの外見を再現するためのものがあります。

杖・歩行器の使用

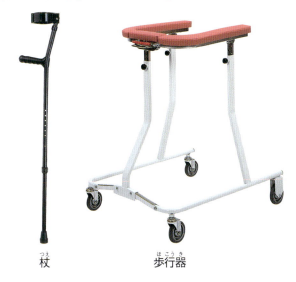

杖　歩行器

杖にもいろいろな種類があり、持ち手がT字形になっている杖や、腕を通し固定できる前腕固定型などがあります。歩行器は、身体を支え、歩行をサポートする器具です。杖より安定性があり、車輪付きや電動式などの種類があります。

2巻 身体の障害 肢体不自由とは？

肢体不自由について知ろう

どんなことに困っているの？

肢体不自由の人は、ふだんどのようなことに困っているのでしょうか。

足が不自由な人

高いところにある商品が取れない

車いす利用者は、立った状態より背が低いので、お店に行ったときに高いところにある商品や、おくのほうにある商品を自分で取ることができません。

小さな段差でも通ることができない

小さな段差でもこえることができない車いす利用の人がいます。

手が不自由な人

腕に力が入らず、字が書けない

手が不自由だと、えんぴつをしっかりと持つことができません。力を入れられないので、字を書くことが難しくなります。

びんのふたなどが開けられない

手が不自由な人は、手に力を入れることが難しいものです。そのため、ジャムのびんやペットボトルのふたなどを開けられません。

生活のくふう

肢体不自由の人は、便利な道具を使って日常生活を無理なくすごすくふうをしています。

食事がしやすくなるはしやスプーン

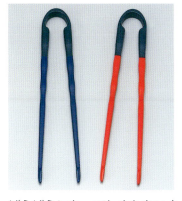
上がつながっているはし

曲げられるスプーン

ばらばらになってしまわないように上の部分がくっついているはしや、丸い部分の向きを自由に変えられるスプーンなどが便利です。手が不自由な人も持ちやすく、食事がしやすくなります。

びんなどのふたが開けやすくなるオープナー

腕や手の力が弱い人のために、びんなどのふたを少しの力でかんたんに開けられるオープナーという道具があります。手が不自由な人だけでなく、高齢者や女性にも使われています。

車いすの人も乗れる車

手で動かせるアクセルとブレーキ

スロープや電動式のリフトがついていて、車いすごと乗れる車があります。また、両足が動かず、ふだん車いすを利用している人が手だけを使って運転できる、手動運転装置のついた車もあります。

車いすにフラッグをつける

車いす利用者は常に座っている状態なので、周りの人の視界に入らず、ぶつかるなどの危険な目にあうこともあります。そこで、車いす利用者の存在を周囲に知らせるために、フラッグ（旗）をつけることがあります。

～身体の障害～
内部障害とは？

身体の中の臓器に障害がある人について知りましょう。

　内部障害は身体障害者福祉法で定められた障害です。体内の機能に障害があり、見た目にはわからない場合がほとんどです。心臓機能障害、呼吸機能障害、腎臓機能障害、膀胱・直腸機能障害、ヒト免疫不全ウイルス（HIV）による免疫機能障害、小腸機能障害、肝臓機能障害の7種類があります。

● 心臓機能障害

心臓の働きが弱まり、全身に血液を送るのが難しい状態の人

　全身に血液を送り出す役割をもつ、心臓の働きが弱い人がいます。このような人は、心臓に刺激をあたえ正常に働くようにする、ペースメーカーという器具を胸にうめこんでいる人もいます。

ペースメーカーに携帯電話を近づけると、電波の影響を受けることがあるといわれてきました。そのため電車やバス会社によっては優先席付近では電源を切る呼びかけをしています。

● 呼吸機能障害

呼吸をするのがたいへんな状態の人

　肺の働きが弱まると、体内での酸素と二酸化炭素の交換がうまくできず、酸素が足りなくなって、息苦しくなる人がいます。そのため、酸素ボンベを持ち歩き酸素を吸う必要があります。しかし、人からじろじろと見られるのを気にして外出をさける人もいます。

● 腎臓機能障害

体内に悪いものがたまってしまう状態の人

　腎臓の働きが弱くなると、体内でいらなくなったものを尿にして身体の外へ出すことがうまくできなくなってしまいます。そのため、人工透析という治療を定期的に行って、腕の血管から体内の血液を機械に通して、いらないものを取りのぞく必要があります。

● 膀胱・直腸機能障害
尿や大便をためられない状態

　膀胱や直腸の働きが弱い人の中には、人工膀胱や人工肛門をつくり、そこから尿や便を体外に出す必要のある人がいて、オストメイトと呼ばれます。オストメイトの人は、尿や便をためておく袋をおなかにつけ、外出先では洗い場付きのトイレを使います。

オストメイト対応のトイレ

オストメイトマーク
オストメイト対応トイレは、このマークが目印。

● ヒト免疫不全ウイルス（HIV）
HIVに感染している人

　このウイルスに感染すると、身体を病気から守る免疫の機能が低下し、発熱や下痢などの症状が現れます。特定の病気が現れた段階でエイズの発症とされます。

これらのことでは感染しません
- あく手する
- 向かい合って話す
- 同じ部屋にいる
- 同じ皿の料理を食べる
- 同じトイレを使う

レッドリボンマーク
エイズに苦しむ人々への理解と支援の気持ちを表すシンボルマーク。

● 小腸機能障害
小腸の働きが不十分な人

　小腸が十分に機能しないことで、消化吸収がうまくできず、口から食べ物を食べる方法では必要な栄養がとれないことがあります。鼻やおなかから胃へチューブを通して、栄養を補給する必要があります。

● 肝臓機能障害
肝臓の働きが不十分な人

　肝臓が十分に機能しない障害です。肝炎ウイルスによって感染する急性肝炎にはA〜E型があり、最も多いのが、B型肝炎、C型肝炎です。また、長い間のお酒の飲みすぎが原因で肝臓の働きに障害をきたすこともあります。

2巻　身体の障害　内部障害とは？

どんなことに困っているの？

見た目からはわかりにくい

内部障害のある人は、見た目ではわかりにくく、電車やバスの優先席を利用しずらいと感じることがあります。

つかれやすい

内部障害のある人はつかれやすいので、階段を使うと息切れしたり、具合が悪くなったりしてしまいます。

トイレが見つからないことがある

オストメイトの人が快適に使える、広さのあるトイレが見つからなかったり、空いていないときがあります。

～その他～
高齢者や妊婦

高齢者やおなかに赤ちゃんがいる女性について、どんなバリアを感じているのかを学びましょう。

高齢者や妊婦も実はバリアを感じている

高齢者は、特に大きな病気やケガをしたことがなくても、歳をとるにつれて、目が見えにくくなったり、耳が聞こえにくくなったり、足腰が弱ってしまったりするなど、身体の働きが低下していることがあります。

また妊婦は、まだおなかの大きさが目立たないときに、つかれやすかったり、体調が悪くても気づいてもらえないことがあります。

● 高齢者がバリアを感じること

高齢になり、足腰が弱ってくると、小さな段差につまずきやすくなります。また、お店に行っても、商品の値段を書いている文字が小さすぎて読みずらかったり、上のほうに置いてあるものを、身体をのばして自分で取るのが難しかったりすることがあります。

街の看板や案内板も、小さな文字で書かれていると、よく見えなくて困ってしまいます。

● 妊婦がバリアを感じること

妊娠初期は、見た目で妊婦であることがわかりません。この時期のほうがつかれやすく、ずっと立っていられない人もいますが、見た目で妊婦とわかりにくいため優先席を利用しずらいと感じる人もいます。

海外ではこんな取り組みが

韓国のソウルでは、地下鉄車両に妊婦専用のピンク色の優先席があります。座席の色がわかりやすいので、ほかの人は座りづらくなります。

どんなことに困っているの？

高齢者や妊婦はどのような場面で困っているのでしょうか。

高齢者が困ること

レストランなどでたたみの部屋に案内される

高齢者の中には、ひざの痛みをかかえていて、座るときにひざを曲げられない人がいます。ほりごたつ式の席か、テーブル席のほうがひざの痛みを気にせずくつろげる場合があります。

信号が青のうちに渡りきることができない

高齢者の中には、足腰が弱っているために、少しずつしか歩けない人がいます。横断歩道を渡っているとちゅうで信号が変わってしまうと、とても危険です。

妊婦が困ること

動きにくいので、急に前を横切られると危険

おなかが大きくなってきた妊婦は、身体を動かしにくくなり、ゆっくりとしか動けません。急に前に飛び出したりすると、ぶつかったり、転んだりして、とても危険です。

妊娠初期は周りの人に気づいてもらえない

マタニティマーク
→49ページ

妊娠したばかりのころは、つかれやすく、体調もすぐれないことがありますが、気づいてもらえないことが多いものです。そのため、マタニティマークをつける人が増えています。

～見た目ではわかりにくい障害～
発達障害と知的障害とは？

発達障害と知的障害について知り、正しい接し方を学びましょう。

発達障害と知的障害

発達障害や知的障害は、見た目からはわかりにくいため、周囲の人々に理解されにくいことがあります。発達障害にはさまざまな種類があり、脳の機能に問題があることが原因であるとされています。

知的障害は、学習したり判断したりする能力やいろいろな場面に適応する能力に問題がある状態です。18歳までに障害の症状が現れると、知的障害と判断されます。

● 自閉症スペクトラム障害

はじめてのことや人とうまく付き合うのが苦手

いつもとちがうことが起こると不安になったり、自分の気持ちをうまく伝えられず大声を出してしまったり、会話がスムーズに進まなかったりすることがあります。生まれつきの障害で、3歳くらいまでに特徴が現れます。「自閉症」は同時に知的障害が現れることがあり、「アスペルガー障害」は言葉が発達していて知的障害がない障害をいいます。「自閉症」と「アスペルガー障害」をまとめて「自閉症スペクトラム障害」と呼びます。

● ADHD（注意欠如多動症）

落ち着きがなく思いつきで行動してしまう

不注意（気が散りやすい）、多動性（落ち着きがない）、衝動性（よく考える前に行動してしまう）という3つの特徴があり、すべてがあてはまる人もいれば、いずれかの症状が強く現れている人もいます。くわしい原因などはわかっていませんが、生まれつきのもので、勉強や仕事をとちゅうで中断してしまっても、なまけようとしているわけではありません。

● LD（学習障害）

ある学習能力だけに現れる障害

　読む、書く、計算するなどの学習について、苦手なことがある障害です。「聞く」「話す」「読む」「書く」「計算する」「推論する」がうまくできないことがありますが、すべてが困難だというわけでなく、この中の一部だけが難しい場合がほとんどです。だれにでも得意・不得意がありますが、LDの人はその差が開きすぎていることが特徴です。

● 知的障害

学習や判断力など知的な能力に問題がある

　ものごとを記憶するのが苦手、言葉をなかなか覚えられない、運動や細かい作業が苦手など、人によって多くの特徴があります。健常者にも、これらのことが苦手な人もいますが、学習や判断をすることができず、社会で生活するのに困難を感じる状態が障害とされます。勉強ができない人ということではありません。知的障害のある人かどうかを判断するはっきりとした基準はありませんが、発達の状態については知能検査（幼児の場合は発達検査）で知ることができます。

やってみよう　発達障害の世界を体験する

発達障害のある人が感じていることを知ろう

　左右の手に軍手を3枚かさねてはめ、その状態でおりがみを折ってみましょう。軍手をはめていないときとちがって、細かいところを折るのがたいへんで、時間がかかります。自閉症スペクトラム障害のある人の中には、細かい作業をするとき、このような難しさをかかえている人がいます。

どんなことに困っているの？

発達障害や知的障害のある人たちが困っていることを知りましょう。

自閉症スペクトラム障害

ほかの人と感じ方がちがう

自閉症スペクトラム障害のある人は、ほかの人よりも細かいことが気になったり、小さな変化に敏感だったりします。かと思えば、転んでも痛がらないように、鈍感な面もあります。このように、自閉症スペクトラム障害のある人の見え方、聞こえ方、感じ方は、ほかの人とちがっているということを知ったうえで、接するようにしましょう。

自閉症スペクトラム障害の人のおもな特徴

- たくさん話しかけられると内容がよくわからなくなる
- あいまいな表現が理解しにくい
- いつもとちがうことがあると不安になる
- 急に予定が変わると不安になる
- 自分の気持ちをうまく伝えることができない
- みんなが気にしないような音や光がとても不快
- 少しふれただけで、たたかれたように感じる

➡ こうやって接しよう

具体的な言葉で伝える

この障害のある人に接するときは、「何を」「どこに」「どうしてほしい」のかがはっきりと伝わるように、具体的な言葉で伝えるようにしましょう。また、いつもとちがう出来事があったり、予定が変わってしまった場合には、早めに説明してあげると、落ち着きます。気持ちをうまく伝えられずに大声を出しているときや、みんなが気にしないようなことに敏感に反応しているときは、さわいだりせず、落ち着くのを待ちましょう。

ADHD（注意欠如多動症）

あまり考えずに行動してしまう

ADHD（注意欠如多動症）の人は、自分の感情や行動を自分自身でコントロールすることが難しいという特徴があります。知的障害はないので、学校で勉強するときに困るようなことはありません。障害の特徴や程度は人それぞれですが、年齢や発達にふさわしくない行動をとってしまう場合があるため、学校などにおける集団生活の中では、うまくなじめないことがあります。

ADHD（注意欠如多動症）の人のおもな特徴

- 短気で、すぐにかんしゃくを起こしてしまう
- じっとしていることができない
- 気が散りやすく、周りのことが気になる
- 問題の答えなど、思いついたらすぐにいってしまう
- 順番を待つなどのルールを守ることができない
- ものをなくしたり、忘れたりしやすい
- 前もってよく考えずに行動してしまう

➡ こうやって接しよう

してほしいことを わかりやすく伝える

この障害のある人がかんしゃくを起こしたときは、危険のない距離を保ちながら、落ち着くまで待ちましょう。先生や大人に知らせて、対応してもらうのも手です。また、ルールを守ってもらえず困ったときは、「順番を守ってね」や「問題の答えは心の中でいってね」のように、周りの人が何に困っているのかをわかるように落ち着いた調子で伝えると、じょじょにできるようになります。

2巻　発達障害と知的障害

LD（学習障害）

授業での読み書きや計算が苦手

LD（学習障害）の人は、聞くことや話すことのほか、読むことや書くことが難しいため、国語の授業で教科書を読むときなどに困ることがあります。また、計算することや、あることをもとにして、ほかのことを推測するのが難しいため、算数の授業でも困ることがあります。

LD（学習障害）の人のおもな特徴

- いいたいことをうまく話せない
- 内容を組み立てて話すことができず、相手にうまく伝えられない
- 会話の流れについていけない
- 文章を読むときに、字や行をとばして読んでしまう
- 形のにている字を区別できない
- 「っ」「ゃ」「ゅ」「ょ」など、小さく書く字のある言葉を正しく書けない
- かんたんな計算も指などを使わないとできない
- くり上がりやくり下がりの計算ができない
- 実験の前などに、結果はこうなるだろうという仮説をもとにして考えることができない

➡ こうやって接しよう

時間をかけて見守る

LD（学習障害）の人が話しているときは、ゆっくり時間をかけて言葉が出てくるのを待ちましょう。からかったり、急がせたりしたら、ますますあせって話しにくくなってしまいます。そして、話の順番が前後していてわかりにくいときは、「こういうこと？」などと問いかけるとよいでしょう。国語の授業で、教科書や作文をとばして読んでしまったり、算数の授業で計算に時間がかかっていたりしても、さわいだりせず、見守りましょう。

知的障害

話すことや多くのことを記憶するのが難しい

知的障害のある人は、いいたいことを言葉にするのが難しく、「あー」や「うー」などということが多いのが特徴です。しかし、よく聞いてみると、この「あー」や「うー」にもいろいろな気持ちがこめられていることが伝わってきます。また、ものごとを理解するのに時間がかかったり、集中力が長続きしなかったり、記憶できる量が少なかったり、人によって障害の現れ方はさまざまです。

知的障害の人のおもな特徴

- スムーズに話すのが難しい
- ひとつのことを身につけるのに時間がかかる
- 覚えていられる量が少ない
- 集中しつづけることができない
- 初めて体験することや、変化をともなうことが苦手
- 細かい作業が苦手
- 思ったことを、そのまま口に出してしまう

➡ こうやって接しよう

かんたんな言葉でわかりやすく伝える

知的障害のある人に、何かしてほしいことを伝えるときは、長い文章ではなく、できるだけ短く、わかりやすい言葉で伝えることが大切です。相手が理解できていないときは、すぐにあきらめずに、何度もくり返して伝えましょう。だんだん伝わるようになります。ゆっくり成長していることを理解して接するようにしましょう。

2巻 発達障害と知的障害

~さまざまな原因で言葉を話すことが難しい~
言語障害とは？

言語障害のある人について学びましょう。

言語障害の特徴

　言語障害は、言葉を使ってやり取りすることが難しい障害のことです。

　声が出しにくい、またはうまく発音できない音がある構音障害、最初の言葉やとちゅうの言葉がつまってうまく出てこない吃音など、さまざまな特徴があります。言語障害の原因は、脳や音をつくるのどの部分に障害がある場合と、聴覚障害がある場合とがあります。

こんなことに困っているよ

　学校生活の場合、みんなの前で音読したり、発表したりするときなどにうまく話せないと、その話し方をからかわれるなどして、よけいに苦手になったり、人前で話すときにとても不安になったりしてしまいます。外見には現れにくいので、周りから理解されにくい場合があります。

- 「せんせい」を「てんてい」というなど、発音がうまくできない
- 「ぼ、ぼ、ぼ、ぼくは」のように、つまってしまう
- 「ぼくね、ぼくね、ぼくね」のように、同じ言葉をくり返してしまう
- 最初の言葉がつまってしまい、あとに続く言葉がなかなか出てこない
- 友だちや家族と会話するときに、自分の気持ちをうまく伝えられない
- 自分の考えを作文にまとめることが難しい

➡ こうやって接しよう

何を伝えたいのかを考えて

　発音や、話し方に気をとられたり、それをからかったりせずに、どんなことを話そうとしているのか、内容を読み取るようにしましょう。特に吃音の場合は、本人の心の状態や周りの人の接し方によって、話し方が変わることがあります。また、言葉によるやり取りが難しい場合は、「はい」や「いいえ」で答えられるような質問をするように心がけましょう。

どっちのジュースがいい？
リンゴジュースがいいかな？

はい！

社会が行う取り組み

国や企業を中心として、障害のある人がくらしやすい社会にするための取り組みが行われています。

国の取り組み

障害のある・なしにかかわらず、全ての国民がおたがいを尊重しながらともに生きていくことができる社会を目指し、「障害を理由とする差別の解消の推進に関する法律（障害者差別解消法）」が制定され、平成28年4月から施行されています。この法律では、会社や店などが、障害のある人への対応を後回しにしたり、介助者などがいないと入店させなかったりするなどの差別を禁止しています。

企業の取り組み

駅などの公共施設のほか、店やホテルは、バリアフリー化を進めること、障害のある人に関して正しい知識を身につけ、安全な対応ができるよう、接客のしかたを学ぶ研修を行うことなど、企業にもバリアフリーに向けて、さまざまな取り組みが求められています。

障害のある人に働く場や機会を提供したり、障害のある人がいる福祉施設に仕事を発注したりすることなどの取り組みもあります。

障害を補う技術

障害のある人の他者とのやり取りを補助するため、さまざまな技術が活用されています。言語障害のある人が、コミュニケーションを取りやすいよう、キーボードで入力した文字を音声で読み上げるなどの機能をもつ「トーキングエイド」や、聴覚障害のある人が持ち歩いて、どこでもすぐに文字を書いてやり取りできる筆談器などが使われています。

不公平な態度は、法律で禁止

車いす利用者だからといって、店側が来店を断るのは差別だとして、法律で禁止されている。

便利な道具で障害者を補助する

筆談器

トーキングエイド

街中のバリアフリーを見てみよう！

道路の設備

街中には、さまざまなバリアフリーの設備があります。道路にあるバリアフリーを探してみましょう。

次のページから、道路のバリアフリーの設備を紹介します

2巻 街中のバリアフリーを見てみよう！ 道路の設備

街中のバリアフリー　道路の設備

1　視覚障害者を安全に誘導する　点字ブロック

[これがあると助かる人]

視覚障害

　点字ブロックは、視覚障害者が足のうらで感じ取れるように表面にでこぼこをつけたものです。視覚障害者を安全に誘導するために地面や床に設置されています。

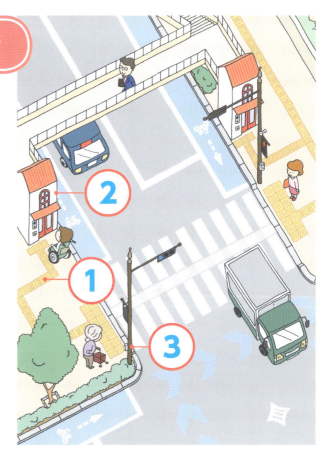

点字ブロックの種類と設置例

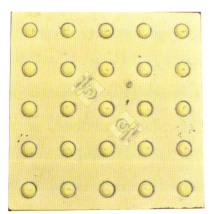

警告ブロック
点がならんでいるものを警告ブロックといい、危険な場所や目的の場所についたことをしめしている。点状ブロックと呼ぶこともある。

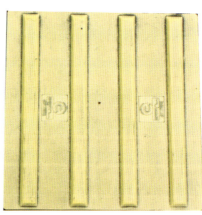

誘導ブロック
線がならんでいるものを誘導ブロックといい、進行方向をしめしている。線状ブロックと呼ぶこともある。

　これは、視覚障害者を横断歩道まで安全に誘導するために設置された例。視覚障害者が誘導ブロックの上を歩いていくと、警告ブロックにたどりつき、その先が横断歩道になっている。誘導ブロックの方向が、横断する方向をしめしている。

② エレベーター付き歩道橋
足が不自由な人が安全に道路を渡ることができる

[これがあると助かる人]

 肢体不自由　 高齢者

歩道橋は、大きな道路で横断歩道がない場所などに設置して、安全に道路を横断できるようにしたものですが、階段の場合が多く、車いす利用者や高齢者などは使いにくいものでした。しかし、近年はバリアフリー化が進み、エレベーター付きの歩道橋が多くなっています。

2巻　道路の設備

③ 青延長用ボタン付き信号機
安全に横断できるよう青信号を延長できる

[これがあると助かる人]

 視覚障害　 肢体不自由　 高齢者

ボタンをおすと歩行者用の青信号の時間を約1.2倍長くすることができる信号機です。視覚障害者や車いす利用者、高齢者など、歩くのがゆっくりな人が横断歩道を無理なく渡るために利用します。左の写真のように、音響式信号機（→34ページ）と合わせて、2つの機能をもった信号機もあります。

街中のバリアフリー　道路の設備

④ 視覚障害者に信号が変わったことを知らせる
音響式信号機

[これがあると助かる人]

視覚障害

　音響式信号機は、視覚障害者に対して、信号が青に変わったことを音で知らせるものです。「とおりゃんせ」などの曲のメロディや、「カッコー」「ピヨピヨ」などの音が流れるものがあります。

⑤ 車いす利用者やベビーカーを使う人が通りやすい
広い歩道

[これがあると助かる人]

肢体不自由

　歩道のはばがせまいと、車いす利用者やベビーカーを使う人は通りにくかったり、安全に通れなかったりしてしまいます。歩道のはばを広くとることで、みんなが安心して通れるようになります。

> 立ち話をしたり、自転車をとめたりすると、歩道が広くても通りにくくなってしまうよ

⑥ 視覚障害者が横断歩道を渡りやすい
エスコートゾーン

[これがあると助かる人]

視覚障害

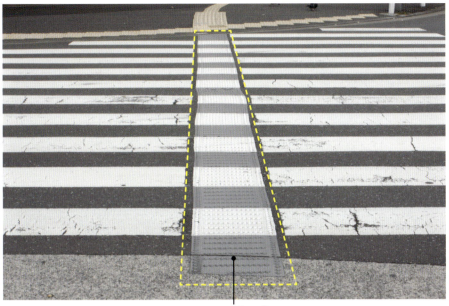

エスコートゾーン

エスコートゾーンとは、横断歩道の真ん中に、視覚障害者を誘導する目的で設置されているものです。点字ブロック（→32ページ）のように、でこぼこがついています。車いすなどの車輪がここへ乗り上げてしまっても危険がないよう、くふうされています。

⑦ みんなが安全に通れるように
歩道、車道、自転車道が別々に

[これがあると助かる人]

視覚障害 　肢体不自由

高齢者　　妊婦

車道　　自転車道　　歩道

歩行者の安全を守るために、自転車は歩道ではなく車道を走ることになっていますが、車の多い道では危険です。そこで、歩道と車道だけでなく、自転車専用の道が設置されているところがあります。車はもちろん、自転車と歩行者が別々の道を通ることで、動きがゆっくりな人たちも安全に移動できます。

街中のバリアフリーを見てみよう！　駅の設備

1
2
3
4

通学や通勤にも使われる電車は、わたしたちの大事な移動手段です。そのため駅にもバリアフリーの設備が整っています。

2巻 街中のバリアフリーを見てみよう！ 駅の設備

次のページから、駅のバリアフリーの設備を紹介します

街中のバリアフリー　駅の設備

1　聴覚障害者とやり取りができる
筆談器の設置

[これがあると助かる人]

聴覚障害

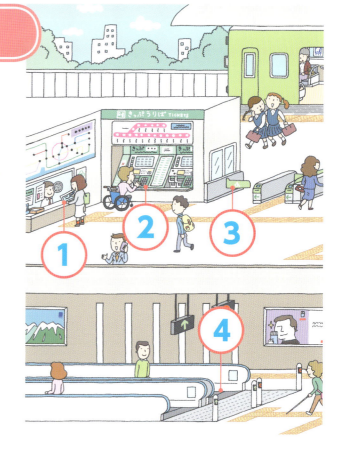

電車の乗り場や切符の買い方がわからないとき、係員の人に質問をしたくても、聴覚障害者は言葉で質問することができない人もいます。そうしたときには、駅の窓口に設置してある筆談器を使って会話をします。

2　視覚障害者が切符を買いやすい
発券機の点字とテンキー

[これがあると助かる人]

視覚障害

視覚障害者は、切符を売る自動発券機の画面が見えないので、点字（→7ページ）の案内を読み、数字のボタン（テンキー）をおして切符を買っています。鉄道会社によっては、ボタンをおすと音声案内がはじまる発券機もあります。

③ 車いすでも通りやすい
広い改札口

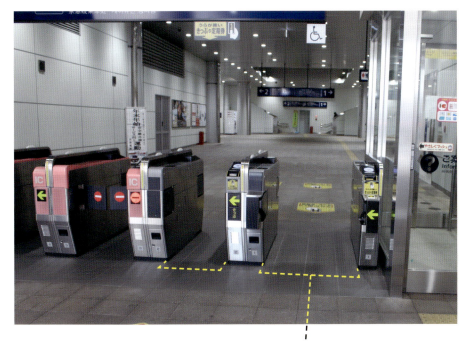

ほかの改札口よりも広い

[これがあると助かる人]

肢体不自由

　自動改札口がならんでいる中に、はばの広い改札口が設置されています。この広い改札口があると、車いす利用者が通りやすいことはもちろんですが、ベビーカーをおしている人や荷物の多い人にとっても使いやすく便利です。

④ 高齢者や足の不自由な人も長距離移動ができる
動く歩道

[これがあると助かる人]

高齢者　肢体不自由

　動く歩道は、エスカレーターが平らになったようなもので、長い距離を移動しなくてはならない駅の中に設置されています。乗っているだけで移動できるので高齢者や足の不自由な人にとって便利ですが、乗り降りの際には十分に注意する必要があります。

街中のバリアフリー　駅の設備

⑤ 内方線付き点字ブロック

視覚障害者のホームへの転落をふせぐ

[これがあると助かる人]

視覚障害

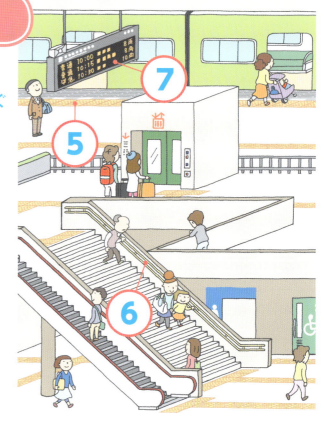

以前の点字ブロック（→32ページ）は、どちらが線路側でどちらがホーム側か区別がつきませんでした。その後視覚障害者がホームから転落するのをふせぐために、ホームの内側がどちらか判断できる内方線付き点字ブロックが開発され、設置が進められています。

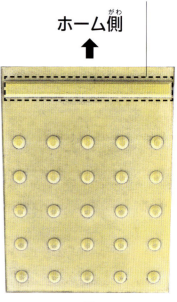

内方線
↑
ホーム側

↓
線路側

ほかにも
線路に落ちるのをふせぐ
ホームドアを付ける駅も増えているよ。
ホームドアは、電車がきたときだけ
ドアが開くしくみなの

⑥ 二段手すり
背の高い人も低い人もつかまりやすい

[これがあると助かる人]

高齢者　妊婦　肢体不自由

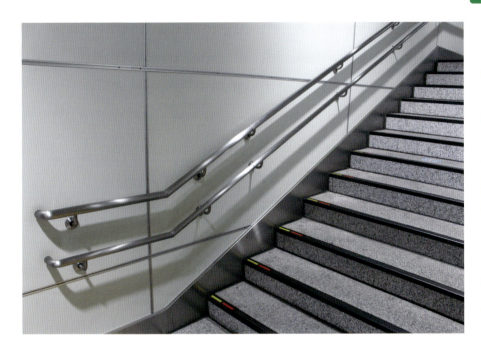

二段になっている手すりは、背が高い人も低い人も、それぞれがつかまりやすいほうをつかむことができるように設置されているものです。小さな子どもや、背中をのばすのがつらい高齢者も低いほうの手すりにつかまれば、安全に階段を上ることができます。つかれやすい妊婦も、これがあると助かります。

⑦ 電光掲示板
聴覚障害者にも情報がわかりやすい

[これがあると助かる人]

聴覚障害

多くの駅のホームには、行き先、発車時間、停車駅などが書かれた電光掲示板が設置されており、音声放送が聞こえない聴覚障害者にとっても、電車の運行についての情報がわかりやすくなっています。ホームはさわがしいことが多く、聴覚障害のない人も放送を聞きのがしてしまうことがあるので、電光掲示板で情報が確認できると便利です。

2巻　駅の設備

街中のバリアフリーを見てみよう！

電車の設備

多くの人が利用する電車の車内にも、さまざまなバリアフリーの設備があります。

42

① 車いすのスペース
車いす利用者が安心して電車に乗ることができる

[これがあると助かる人]

肢体不自由

車いすのスペースとは、車両の一部に座席を設置しないことで、車いす利用者が電車内で安全に過ごせるよう、広々としたスペースを確保しているものです。こうしたスペースは、車いす利用者だけでなく、ベビーカーを置いたり、大きな荷物を置いたりするのにも役に立ちます。

② つりかわと手すり
位置や形状をくふう

[これがあると助かる人]

高齢者　肢体不自由

高齢者や肢体不自由の人など、腕の力が弱い人や、腕をあげるのが難しい人のために、低い位置にもつりかわをつけています。にぎりやすさを考え、持ち手の形も〇型から△型のつりかわが増えています。また、子どもや背の低い人は、高いところのつりかわに届かないこともあります。そのため、腕をのばさなくてもつかまれるところに、手すりが設置されています。形状もにぎりやすく、ゆるやかにカーブしている手すりが増えています。

2巻　街中のバリアフリーを見てみよう！　電車の設備

街中のバリアフリーを見てみよう！ バスの設備

バスも電車と同じように、通学や通勤に使われるので、多くの人が利用します。バスのバリアフリーの設備を見てみましょう。

① 高齢者も乗り降りしやすい
ノンステップバス

[これがあると助かる人]

肢体不自由 高齢者

2巻 街中のバリアフリーを見てみよう！ バスの設備

段差が低いノンステップバスでは、高齢者も乗り降りがしやすく安全です。また、運転手が車いす利用者の乗り降りを手伝うときも、段差の低いことはもちろん、広さも確保されていますから、安全に行うことができます。

② 障害のある人が安全に過ごせる
優先席

[これがあると助かる人]

肢体不自由 内部障害 高齢者 妊婦

バスは大きくゆれることがあり、高齢者や肢体不自由の人が立ったまま乗っていると、手すりにつかまっていてもたおれたり、転んだりすることがあって危険です。優先席があれば車内で安全に座って過ごせます。また、内部障害のある人や妊婦も、安全に過ごすために利用しています。電車でも同じように優先席が設けられています。

街中のバリアフリーを見てみよう！
病院などの公共施設

病院の例で、公共施設のバリアフリーの設備を見ていきましょう。

① 段差のない入り口やスロープ
車いす利用者も高齢者も安心して通ることができる

[これがあると助かる人]

肢体不自由　高齢者

スロープとは、段差に設けられるゆるやかな坂のことです。スロープがあると、階段がつらい高齢者やケガをした人たちも、無理なく病院に入ることができます。病院などは、特に車いす利用者の出入りが多いので、段差のない入り口やスロープがつくられています。

② 電光掲示板と呼び出し機
音声案内が聞こえなくても困らない

[これがあると助かる人]

聴覚障害　視覚障害　高齢者

電光掲示板
大きな病院などでは、受付で番号札をもらい、電光掲示板に自分の番号が出たら診察してもらったり、薬を受け取ったりするシステムがあります。音声案内が聞こえない聴覚障害者でも安心です。

呼び出し機
大きな病院などで、待ち時間が長い場合、呼び出し機を貸し出しているところがあります。診察が近づくと振動で知らせてくれます。音声案内が聞こえない聴覚障害者や、電光掲示板を確認することができない視覚障害者にとって便利な道具です。

2巻 街中のバリアフリーを見てみよう！ 病院などの公共施設

| 街中のバリアフリー | 病院などの公共施設 |

3 車いす用公衆電話
車いすに乗ったまま電話ができる

[これがあると助かる人]

肢体不自由

屋内の例

屋外の例

　車いすに乗ったまま利用できるように、低い位置に電話機が設置されています。また、屋外にある公衆電話ボックスも、車いすの人用に扉が開けやすく、中も十分な広さがあり、電話機が低い棚に置かれているボックスがあります。

4 車いすの人も買える自動販売機
車いすに乗ったまま飲み物を買える

[これがあると助かる人]

肢体不自由

　車いすに乗ったままだと、高いところにある商品のボタンをおせませんでしたが、最近はすべての商品をしめすボタンが低い位置にある自動販売機が増えています。このような販売機は、商品の取り出し口やお金の投入口、受け取り口も使いやすいように、くふうされています。

障害に関するシンボルマーク

障害者が周りから認識してもらうための、いろいろなマークを紹介します。

障害者のための国際シンボルマーク

障害者が利用できる建物や施設であることを表す世界共通のシンボルマーク。車いす利用者だけでなく、すべての障害者が対象です。

盲人のための国際シンボルマーク

視覚障害者のための世界共通のマークです。バリアフリーの建物や設備、信号機などの機器のほか、点字（→7ページ）の本などにつけられています。

耳マーク

聴覚障害は見た目でわかりにくいので、耳が不自由であることを周囲の人に知ってもらうため、障害者が自分で提示するものです。

ほじょ犬マーク

障害者が身体障害者補助犬である盲導犬（→7ページ）、介助犬、聴導犬（→13ページ）をつれて、デパートやスーパーなどを利用できることを知らせるマークです。

オストメイトマーク

病気で人工肛門や人工膀胱を利用している人（オストメイト）のための設備があることを知らせるマーク。トイレの入り口などにあります。

ハート・プラスマーク

見た目からはわかりにくい、身体の内部（心臓、呼吸機能、腎臓、膀胱・直腸、小腸、肝臓、免疫機能）に障害があることを周囲の人に知ってもらうためのマークです。

マタニティマーク

おなかに赤ちゃんのいる妊婦や、赤ちゃんを産んで間もない人が電車やバスなどの交通機関を利用するときに身につけるマークです。

身体障害者標識

肢体不自由の人が車を運転するときにつけるマークです。必ずつけなくてはならないわけではありません。

聴覚障害者標識

聴覚障害者が車を運転するときにつけるマークです。このマークをつけることは義務づけられています。

ヘルプマーク

内部障害や妊娠初期の人など、見た目ではわからない困難のある人が援助を必要としていることを知らせるマークです。

店の設備

街中のバリアフリーを見てみよう！

レストランの例から店のバリアフリーの設備を見てみましょう。

① 障害者用駐車スペース
車いす利用者が車でくることができる

[これがあると助かる人]

肢体不自由

レストランをはじめ、さまざまな施設にある広い駐車場は、車の乗り降りの際に広いスペースを必要とする車いす利用者のためのものです。障害者専用ということがわかるように、車いすのマークが地面や看板に描かれています。店のほかにも、高速道路のサービスエリアや、病院、銀行など、駐車場のあるいろんな施設で見かけます。

② 補助犬同伴可のステッカー
盲導犬、聴導犬、介助犬をつれて入ることができる

[これがあると助かる人]

視覚障害　聴覚障害　肢体不自由

レストランやホテルなどは、補助犬同伴の人を受け入れることを、「身体障害者補助犬法」によって義務付けられています。しかし、ほかのお客様への気づかいなどを理由に、補助犬の同伴を断る店もあり、たびたび問題になっています。補助犬は特別な訓練を受け、衛生面もしっかりと管理されているので、レストランに入っても問題ありません。

ほじょ犬マーク
厚生労働省が発行しているステッカー。

補助犬同伴可ステッカー
全国盲導犬施設連合会が発行しているステッカー。

2巻　街中のバリアフリーを見てみよう！ 店の設備

街中のバリアフリー　店の設備

③ 車いす用のテーブル
車いすに乗ったまま食事ができる

[これがあると助かる人]

肢体不自由

　車いす利用者専用の、イスが置いていない席です。車いすのままテーブルについて食事をすることができます。車いすが安全に通れるように、周囲には広いスペースが確保されています。

④ 点字メニュー
視覚障害者が食べたいものを選びやすい

[これがあると助かる人]

視覚障害

　視覚障害者は、店員にたのんでメニューを読み上げてもらうこともできます。しかし、点字（→7ページ）のメニューがあれば、自分で読んで気がねなく注文ができます。ただし、点字が読めない視覚障害者もいます。

ユニバーサルデザインって何？

多くの人にとって使いやすいデザインでものをつくること、それがユニバーサルデザインの考え方です。

バリアフリーとどうちがう？

バリアフリーは、障害のある人や高齢者などを対象として、それまでにあった設備が使いにくい場合、使いやすくなるように変化させようという考え方にもとづいています。

一方、ユニバーサルデザインは、設備をつくる段階から、さまざまな人にとって使いやすいものを目指そうという考え方にもとづいています。

──────（ユニバーサルデザインの7原則）──────

① だれにでも公平
どんな人が使っても公平に操作でき、同じように使える。

② 自由度が高い
使うときの制限がないこと。たとえば、右ききでも左ききでも使えるなど。

③ かんたんに使える
使い方がわかりやすく、見ただけですぐに使えること。

④ わかりやすい
使う人が知りたい内容が、わかりやすく説明されている。

⑤ 安全であること
安全、安心に使えること。使い方をまちがっても危険につながらない。

⑥ 身体にやさしい
少ない力で使うことができるうえに、どんな姿勢で長時間使ってもつかれにくい。

⑦ 十分な大きさ・広さ
だれもが使いやすい大きさや広さがあり、使う人の姿勢や動きに関係なく、楽に使うことができる。

食器
器の片側が大きく張り出しているので、弱い力でもおさえたり持ち上げたりが楽にできる。

ハサミ
カスタネットのように丸くて大きな持ち手は、弱い力でもにぎりやすく、右手でも左手でも使えます。

爪切り
丸く大きな持ち手なので、弱い力でもにぎりやすい。テーブルに置いたままでも使える。

2巻 店の設備

街中のバリアフリーを見てみよう！
映画館などの娯楽施設

映画館の例で娯楽施設のバリアフリーの設備を見てみましょう。

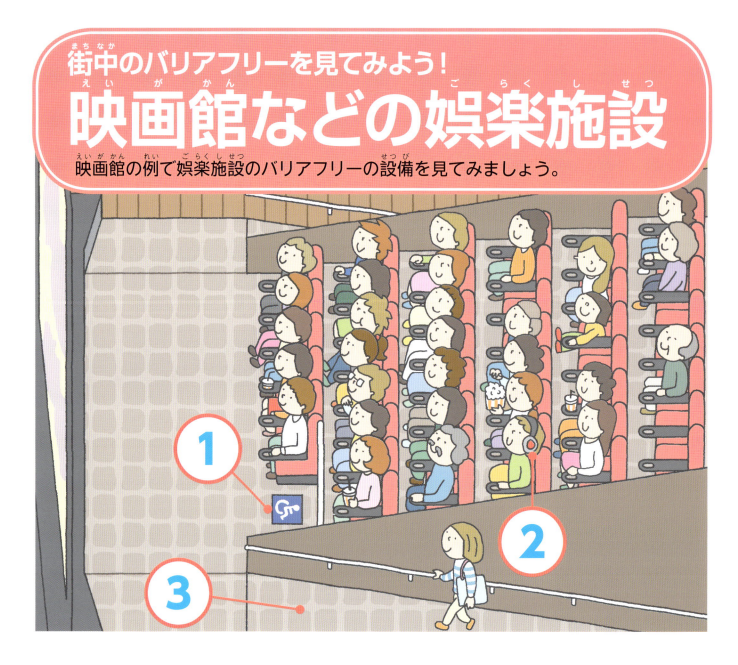

1 車いすに乗ったまま映画を楽しめる
車いす用の席

[これがあると助かる人]

肢体不自由

　入り口から席までがスロープになっているので、車いすに乗ったまま入場できます。車いす用のスペースについたら、車いすに乗ったまま、そこで映画を楽しむことができます。映画館によっては取り外しができる座席もあり、座席を外して車いすスペースを増やすこともできます。

② 聴覚補助システム
耳が聞こえにくくても映画を楽しむことができる

[これがあると助かる人]

聴覚障害

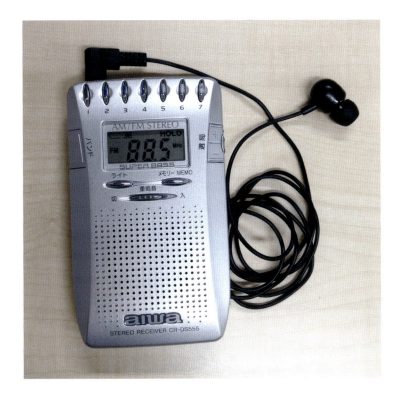

映画館によっては、専用の受信機を貸し出しているところがあります。これを使うと、耳が聞こえにくい人も、クリアな音声でしっかりと聞き取ることができるので、映画を楽しめます。

ほかに音声の情報が字幕化されて出てくる専用のメガネなどを貸してくれるところもあるよ

③ スロープ
車いす利用者も高齢者や肢体不自由の人も安全

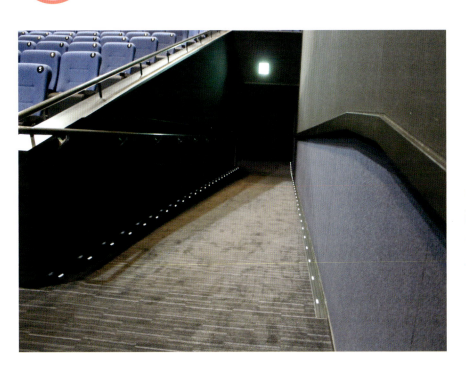

[これがあると助かる人]

肢体不自由　高齢者

車いす利用者のためにスロープが設置してあるほか、高齢者や杖を使っている人も安全に移動できるよう、手すりも備わっています。

2巻　街中のバリアフリーを見てみよう！　映画館などの娯楽施設

学校の設備

街中のバリアフリーを見てみよう！

障害者も健常者と同じように学校で学ぶために、さまざまなくふうがなされています。

① 拡大字版教科書
目が見えにくい人も読みやすい

[これがあると助かる人]

視覚障害

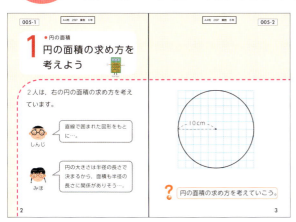

　拡大字版教科書とは、通常の教科書よりも文字が大きくはっきりとしていて読みやすい教科書のことです。通常の教科書を読むのは難しくても、拡大字版だと読むことができる弱視の人のためのものです。

② 補聴援助システム
耳が聞こえにくい人も聞きやすい

[これがあると助かる人]

聴覚障害

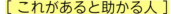

マイク　　受信機

　補聴援助システムとは、話をする人が送信機（マイク）をつけ、耳の聞こえにくい人が補聴器に付いた受信機で受信することで、話す人の音声を聞き取りやすくするシステムです。これがあると、耳の聞こえにくい人でも、先生の話をよく聞くことができます。

③ チャイムを知らせるライト
聴覚障害者に授業の開始や終了を知らせる

[これがあると助かる人]

聴覚障害

　聴覚障害者の中には、授業の開始や終了を知らせるチャイムの音がよく聞こえない人がいます。そのため、点滅するライトなどを設置して、授業の開始や終了を知らせるようにしています。

2巻　街中のバリアフリーを見てみよう！　学校の設備

家の設備

街中のバリアフリーを見てみよう！

障害者が無理なく生活するためには、家の中にもくふうが必要です。お風呂の例を見てみましょう。

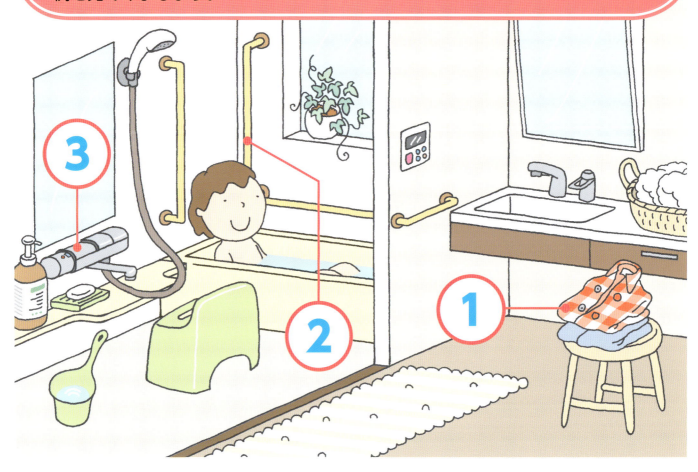

1 肢体不自由の人の着がえが楽になる
マグネット式ボタンの服

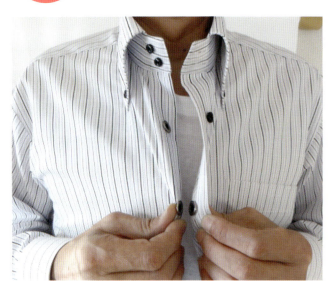

[これがあると助かる人]

肢体不自由

　肢体不自由の人が楽に着たり、ぬいだりでき、しかもおしゃれを楽しめる服が増えてきています。ジャケットやシャツのボタンをマグネット式にすることで、たいへんだったボタンをとめるという作業が楽にできるようになり、おしゃれのはばが広がっています。

② 浴そうの手すり
高齢者のお風呂でのケガをふせぐことができる

[これがあると助かる人]

 肢体不自由　 高齢者

　浴そうはすべりやすく、高齢者や肢体不自由の人にとってはとても危険な場所です。しかし、手すりをつけることで、しっかりとつかまりながら立ち上がることができるので、転んでケガをするのをふせぐことができます。トイレにも手すりがあると、安全に立ち上がることができます。

③ タッチスイッチの水栓
手の力が弱くても使いやすい

[これがあると助かる人]

 肢体不自由　 高齢者

　肢体不自由の人や高齢者は、手の力が弱いために、蛇口をひねることが難しい場合があります。軽くおすだけで水を出したり止めたりできる水栓は、蛇口をひねる必要がないので便利です。

2巻　街中のバリアフリーを見てみよう！　家の設備

街中のバリアフリーを見つけよう

この巻では、さまざまな場面でのバリアフリーの設備を学んできました。実際に街の中を歩いて、こうした設備があるかどうか見つけてみましょう。

● **道路の設備**

● **駅の設備**

※本に書きこまず、コピーして使いましょう

● バスの設備

● 公共施設の設備

● 店の設備

● 娯楽施設の設備

※本に書きこまず、コピーして使いましょう

みんなのバリアフリー 全巻さくいん

あ
- 青延長用ボタン付き信号機 …… 2巻 33
- 動く歩道 …………………… 2巻 39
- エイズ ……………………… 2巻 19
- ADHD（注意欠如多動症）… 2巻 22、25
- エスコートゾーン ………… 2巻 35
- LD（学習障害）…………… 2巻 23、26
- エレベーター付き歩道橋 … 2巻 33
- お知らせランプ …………… 2巻 13
- オストメイト ……………… 2巻 19、49
   3巻 33
- オストメイトマーク ……… 2巻 19、49
- 音響式信号機 ……………… 2巻 33、34
- 音声案内 …………………… 1巻 5
   2巻 8、12、38、47
- 音声読書機 ………………… 2巻 7

か
- 介助犬 ……………………… 2巻 49、51
- 介助式（車いす）…………… 2巻 15
- 解説放送 …………………… 2巻 9
- ガイドヘルパー …………… 2巻 7
- 拡大字版教科書 …………… 2巻 57
- 肝臓機能障害 ……………… 2巻 18
- 義手 ………………………… 2巻 14
   3巻 41
- 義足 ………………………… 2巻 14
   3巻 41
- 車いす… 1巻 4、6、8、16、20、24、26、28
   2巻 4、14、16、34、39、43、45、47、49、51、52、54
   3巻 22、24、26、33、36、40
- 車いすバスケットボール … 3巻 41
- 車いす用公衆電話 ………… 2巻 48
- 警告ブロック ……………… 2巻 32
- 言語障害 …………………… 2巻 28
- 高齢者 ……………………… 1巻 8、15
   2巻 17、20、33、35、39、41、43、45、47、53、55、59
   3巻 28、33、36
- 口話法 ……………………… 2巻 11
   3巻 18

さ
- ゴールボール ……………… 3巻 43
- 呼吸機能障害 ……………… 2巻 18
- 心のバリア ………… 1巻 5、6、8、10、16、20
- 心のバリアフリー ………… 1巻 8、10
   3巻 9
- 酸素ボンベ ………………… 2巻 18
- ジェスチャー ……………… 1巻 27
   2巻 10
   3巻 18
- 視覚 ………………………… 1巻 22
- 視覚障害 …………… 1巻 14、16、24、27、29
   2巻 6、8、14、32、34、38、40、47、49、51、52、57
   3巻 7、9、10、12、14、33、36、41、43
- 自走式（車いす）…………… 2巻 15
- 肢体不自由… 2巻 14、16、33、34、39、41、43、45、47、48、51、52、54、58
   3巻 22、24、26、42
- 自閉症スペクトラム障害 … 2巻 22、24
- 字幕 ………………………… 2巻 13
- 弱視 ………………………… 2巻 6
- 手話 ………………………… 2巻 11、13
   3巻 20
- 障害者のための国際シンボルマーク …… 2巻 49
- 障害者用駐車スペース …… 2巻 51
   3巻 35、37
- 障害を理由とする差別の解消の推進に関する法律
   ………………………………… 2巻 29
- 小腸機能障害 ……………… 2巻 18
- 人工透析 …………………… 2巻 18
- 心臓機能障害 ……………… 2巻 18
- 腎臓機能障害 ……………… 2巻 18
- 身体障害者標識 …………… 2巻 49
- 身体障害者福祉法 ………… 2巻 18
- 身体障害者補助犬法 ……… 2巻 51
- スペシャルオリンピックス … 3巻 45
- スロープ …………………… 1巻 4
   2巻 47
- 全盲 ………………………… 2巻 6
   3巻 41、43

た タッチスイッチの水栓……………………②巻 59
多目的トイレ………………………③巻 31、33
知的障害………………………②巻 22、27
　　　　　　　　　　　　　　　③巻 45
聴覚障害……………①巻 14、22、27、28
　　②巻 10、12、14、28、38、41、47、49、51、55、57
　　　　　　　　　③巻 16、18、20、44
聴覚障害者標識………………………②巻 49
聴導犬………………………②巻 13、49
つりかわ………………………②巻 43
デフリンピック………………………③巻 44
電光掲示板………………②巻 41、47
点字………………②巻 7、38、49、52
点字ブロック………………………①巻 4
　　　　　　　　　②巻 5、32、35
　　　　　　　　　③巻 32、38
電動式（車いす）………………………②巻 15
トーキングエイド………………………②巻 29

な 内部障害………………②巻 18、45、49
　　　　　　　　　③巻 29
内方線付き点字ブロック………………②巻 40
二段手すり………………………②巻 41
日本語対応手話………………………②巻 11
日本手話………………………②巻 11
妊婦………………………①巻 8、15
　　②巻 20、35、41、45
　　③巻 28、32、34、36
ノンステップバス………………………②巻 45

は ハート・プラスマーク………………②巻 49
白杖………………………②巻 6
　　　　　　　　　③巻 7、12、15
発券機………………………②巻 38
発達障害………………………①巻 15
　　　　　　　　　②巻 22
パラリンピック………③巻 40、42、44
バリアフリー………………………①巻 4
　　②巻 5、29、30、32、34、36、38、40、
　　　　42、44、46、48、50、52、54、56、58

ハンドグリップ………………………③巻 26
筆談………………………①巻 4
　　②巻 11、29、38
　　③巻 19
ヒト免疫不全ウイルス（HIV）………②巻 18
ブラインドサッカー………………………③巻 41
ペースメーカー………………………②巻 18
ヘルプマーク………………………②巻 49
ヘレン・ケラー………………………①巻 18
膀胱・直腸機能障害………………………②巻 18
ホームドア………………………②巻 40
歩行器………………………②巻 14
補助犬………………②巻 49、51
ほじょ犬マーク………②巻 49、51
補聴援助システム………………②巻 57
補聴器………………②巻 10、57
　　　　　　　　　③巻 19
ボッチャ………………………③巻 42

ま マグネット式ボタンの服………②巻 58
マタニティマーク………②巻 21、49
　　　　　　　　　③巻 29、34、36
耳マーク………………………②巻 49
盲………………………②巻 6
盲人のための国際シンボルマーク………②巻 49
盲導犬………………………①巻 11
　　②巻 5、6、49、51
　　③巻 33、34、36

や 優先席………………②巻 19、20、45
　　　　　　　　　③巻 29、36
誘導ブロック………………………②巻 32
ユニバーサルデザイン………………②巻 53
ユニファイドスポーツ………………③巻 45
指文字………………………③巻 21

ら レッドリボンマーク………………②巻 19
録音図書………………………②巻 7

63

監修
徳田克己（とくだ　かつみ）
筑波大学医学医療系教授、教育学博士、臨床心理士、筑波大学発ベンチャー企業の子ども支援研究所所長。専門は、心のバリアフリー（障害理解）、点字ブロック研究、発達障害のある幼児の育児・保育・教育。全国で発達相談、保育相談を行っている。心のバリアフリー、気になる子の育児・保育に関する著書や論文が多数ある。

イラスト	こんどうまみ、長田充代（熊猫手作業社）
デザイン・DTP	高橋里佳（Zapp!）
文	たかはしみか
編集協力	株式会社スリーシーズン（伊藤佐知子、永渕美加子）
校正	株式会社鷗来堂

写真協力　アフロ、一般社団法人日本義肢協会、株式会社アウトソーシングビジネスサービス ダブル・ピー事業部、貝印株式会社、株式会社松竹マルチプレックスシアターズ、株式会社セブン＆アイ・フードシステムズ、株式会社台和、株式会社松永製作所、株式会社ユープラス、株式会社ワールドワーク、川崎市アートセンター、京浜急行電鉄株式会社、一般社団法人教科書著作権協会、厚生中央病院、三信化工株式会社、シナノケンシ株式会社、シバントス株式会社、ソノヴァ・ジャパン株式会社、ダイドードリンコ株式会社、東亜通信工材株式会社、東京書籍、東京都立葛飾ろう学校、東京メトロ、中日本高速道路株式会社、日進医療器株式会社、日本テクニカル・サービス株式会社、奈良交通株式会社、長谷川刃物株式会社、東日本電信電話株式会社、株式会社ミクニ ライフ＆オート、TOTO株式会社

みんなのバリアフリー❷
障害のある人が困っていることを知ろう

2018年4月初版　　2024年3月第4刷

監修	徳田克己
発行者	岡本光晴
発行所	株式会社あかね書房
	〒101-0065　東京都千代田区西神田3-2-1
	☎03-3263-0641（営業）　03-3263-0644（編集）
	https://www.akaneshobo.co.jp
印刷所	株式会社精興社
製本所	株式会社難波製本

ISBN978-4-251-09412-4 C8337
Ⓒ3season／2018／Printed in Japan
落丁本・乱丁本はおとりかえします。
定価はカバーに表示しています。

NDC 369
監修　徳田克己
みんなのバリアフリー<2>
障害のある人が困っていることを知ろう
あかね書房　2018　64P　31㎝×22㎝

みんなのバリアフリー

監修／徳田克己（筑波大学教授）

1巻

「心のバリアフリーって なんだろう？」

自分の中の「心のバリア」を見つけて、バリアフリーの社会をつくろう。

2巻

「障害のある人が 困っていることを知ろう」

障害のある人を理解するために、障害者がふだんどんな生活をしているのかを学ぶよ。

3巻

「みんなでできる バリアフリー活動」

障害のある人とよい関係をつくれるように、正しくサポートする方法を学ぼう。